Die besten Kuchen aus der Pfanne

Stéphanie de Turckheim

Die besten Kuchen aus der Pfanne

30 Rezepte ohne Backofen

Fotos: Nicolas Lobbestael
Foodstyling: Soizic Chomel de Varagnes

Bassermann

INHALT

EINFÜHRUNG

Wie soll man einen Kuchen aus der Pfanne beschreiben? Genial, einfach und superlecker!

Alle Rezepte sind schnell gemacht: ob Käsekuchen, Tarte Tatin, Cookies, Backpflaumen-Flan, Maronencremekuchen, Apfel- oder Karottenkuchen.

Diese Kuchen sind vielleicht ein bisschen weniger knusprig als im Ofen gebackene, doch dafür sind sie sehr viel zarter, cremiger und saftiger!

Wie jeden anderen Kuchen auch können Sie Ihren „Pfannenkuchen" glasieren oder verzieren, beispielsweise mit geschlagener Sahne, Frischkäse oder einfach nur mit Zitronensaft-Zucker-Guss.

Und so geht es

– Den Teig in die gut gefettete Antihaft-Pfanne füllen und den Deckel (möglichst Glasdeckel) auflegen. Durch Rütteln der Pfanne den Teig gut verteilen.

– Den Herd auf kleinste Stufe stellen. Je nach Herdart und Pfannenmaterial variiert die Garzeit sehr, daher den Kuchen im Blick behalten.

– Sobald sich Blasen auf der Kuchenoberfläche bilden, ist der Backvorgang in der Endphase. Wenn die Oberfläche einigermaßen trocken ist, eine Stäbchenprobe durchführen. Den Kuchen mithilfe eines gefetteten Tellers drehen und die andere Seite noch kurz nachbacken. Dann ist der Kuchen fertig.

Und nun ran an die Pfanne!

TIPPS

Zutaten

Hier werden einfache, klassische Zutaten verwendet: Butter, Öl, Mehl, Zucker, Eier, Milch, Sahne, Joghurt oder Quark, gemahlene Mandeln, Haselnüsse oder Pistazien sowie Früchte, Schokolade, Zitronenschale oder Orangenblütenwasser zum Aromatisieren.

Utensilien

Die benötigte Pfannengröße wird zu Beginn jedes Rezepts angegeben, üblicherweise handelt es sich um eine Pfanne mit einem Durchmesser von 20 bis 24 Zentimeter. Damit das Herauslösen des Kuchens gut gelingt, wird er meistens vorsichtig auf einen Teller gestürzt, sodass er nicht zerbricht. Die Kuchen in diesem Buch wurden alle in einer einfachen Pfanne mit Antihaftbeschichtung zubereitet.

Mitunter wird ein passend zugeschnittenes Stück **Backpapier** in Pfannengröße benötigt, um den Kuchen leichter vom Rand lösen und wenden zu können. Dafür wird zunächst etwas Öl in der Pfanne erhitzt und dann das Backpapier eingelegt, so haftet es besser.

Für die meisten Kuchen ist ein passender **Pfannendeckel** erforderlich, der während der Garzeit nicht zu oft angehoben werden sollte, damit keine Hitze entweicht und der Kuchen gleichmäßig gart. Um das Garen des Kuchens besser im Blick zu haben, sollte es ein transparenter Deckel aus Glas sein.

Garzeit

Die Garzeiten können von Pfanne zu Pfanne variieren, je nachdem, aus welchem Material die Pfanne besteht (Keramik, Gusseisen, Stahl oder Edelstahl).

Die Garzeiten im Infoblock unter dem Rezeptnamen beziehen sich auf die Verwendung eines Elektro- oder Gasherds. Da sich Induktionsherde aber zunehmender Beliebtheit erfreuen, werden im Rezepttext zusätzlich die Garzeiten für diesen Herdtyp angegeben.

Auf jeden Fall muss man bei der Zubereitung der Kuchen aus der Pfanne Geduld mitbringen. Wenn die Temperatur des Herds zu hoch ist, brennt der Kuchen leicht an. Haben Sie deshalb stets ein Auge darauf.

Entdecken Sie nun die Kuchen aus der Pfanne, variieren Sie mit Zutaten und Texturen und genießen Sie Ihre Kreationen mit Appetit und Freude!

APFELKUCHEN
MIT SAHNE, ZIMT & MANDELN

Für 6 Personen • Vorbereitung: 10 Min. • Garzeit: ca. 50 Min. • Schwierigkeitsgrad: einfach
Antihaft-Pfanne 24 cm Durchmesser • Backpapierkreis 24 cm Durchmesser

Die Zutaten

Eier	2
Zucker	70 g
Milch	100 ml
Schlagsahne	100 g
Weizenmehl Type 405	140 g
Backpulver	½ Päckchen
Salz	1 Prise
gemahlene Mandeln	25 g
Zimt	1 TL
Äpfel	2
Mandelblättchen	4 EL
Pflanzenöl für Pfanne und Teller	etwas

Variante

Die Äpfel durch eine Mischung aus
Äpfeln und Birnen ersetzen.

Das Rezept

1. Die Eier aufschlagen. Den Zucker zugeben und beides mit einem Handmixer schaumig schlagen, bis sich der Zucker aufgelöst hat. Bei laufendem Gerät Milch und Sahne zugießen. Mehl, Backpulver, Salz, gemahlene Mandeln und Zimt zufügen und alles gründlich vermischen.

2. Die Äpfel schälen, entkernen und in kleine Stücke oder Spalten schneiden. Unter den Teig rühren.

3. Die Pfanne gründlich mit Öl einpinseln und auf den Herd stellen. Sobald sie heiß ist, den Backpapierkreis hineinlegen. Mit 2 Esslöffeln Mandeln bestreuen und darauf den Teig gießen. Den Deckel auflegen.

4. Bei kleinster Hitze etwa 40 Minuten garen (Induktionsherd Stufe 3, Garzeit 20 Minuten). Wenn die Kuchenoberfläche fest ist, mithilfe eines gut gefetteten Tellers wenden. Den Pfannenboden mit den restlichen Mandeln bestreuen und den Kuchen wieder hineingeben. Einige Minuten weitergaren.

5. Den Kuchen auf einen Teller setzen. Lauwarm oder kalt genießen, eventuell eine Kugel Vanilleeis oder Vanillesauce dazu servieren.

VANILLEFLAN

MIT BACKPFLAUMEN

Für 6 Personen • Vorbereitung: 5 Min. • Garzeit: ca. 40 Min. • Schwierigkeitsgrad: einfach
Antihaft-Pfanne 24 cm Durchmesser • Backpapierkreis 24 cm Durchmesser

Die Zutaten

Weizenmehl Type 405.................................100 g
Speisestärke..25 g
Salz ....1 Prise
Zucker ....70 g
Eier 2
lauwarme Milch ....250 ml
gemahlene Vanille ....1 TL
Rum...1 TL
weiche Backpflaumen ohne Kern...............150 g
Pflanzenöl für Pfanne und Teller ....etwas

Variante

Die Backpflaumen durch weiche
getrocknete Aprikosen ersetzen.

Das Rezept

1. Mehl, Stärke und Salz in eine Schüssel geben und vermischen. In der Mitte eine Mulde formen und den Zucker hineingeben, dann die Eier zufügen. Mit einem Holzlöffel vorsichtig von innen nach außen vermengen und so die trockenen Zutaten schrittweise einarbeiten. Nach und nach die Milch zugießen und kräftig unterrühren. Vanille und Rum zugeben und einrühren.

2. Die Pfanne gründlich mit Öl einpinseln und auf den Herd stellen. Sobald die Pfanne heiß ist, den Backpapierkreis hineinlegen. Den Teig in die Pfanne gießen und die Backpflaumen gleichmäßig darauf verteilen.

3. Den Deckel auflegen und den Kuchen bei kleinster Hitze ca. 30–40 Minuten garen (Induktionsherd Stufe 3-4, Garzeit 15-20 Minuten). Den Kuchen mit einem Spatel regelmäßig vom Pfannenrand lösen. So läuft die Flüssigkeit am Rand entlang und gart schneller.

4. Sobald der Teig oben einigermaßen fest ist, den Kuchen mithilfe eines gut gefetteten Tellers wenden und von der anderen Seite noch einige Minuten weitergaren.

5. Den Kuchen auf einen Teller setzen und lauwarm oder kalt genießen.

PANCAKE-KUCHEN
MIT HIMBEEREN

Für 6 Personen • Vorbereitung: 5 Min. • Garzeit: 30–40 Min. • Schwierigkeitsgrad: einfach
Antihaft-Pfanne 24 cm Durchmesser

Die Zutaten

Weizenmehl Type 405................................150 g
Backpulver ....½ Päckchen
Salz ....1 Prise
Zucker ....30 g
Milch...200 ml
Butter, zerlassen ....15 g
Ei 1
Himbeeren ....250 g
Butter für Pfanne und Teller ....je 1 TL

Zum Servieren
Fruchtsauce, Honig oder Ahornsirup .... 6 EL

Variante

Je nach Saison die Himbeeren durch Blaubeeren,
Brombeeren oder Johannisbeeren ersetzen.

Das Rezept

1. Mehl, Backpulver, Salz und Zucker in eine Schüssel geben und vermischen. Milch, zerlassene Butter und Ei in eine zweite Schüssel geben und mit einer Gabel gründlich verquirlen. Die flüssigen Zutaten unter die trockenen rühren. Dann die Himbeeren vorsichtig unter den Teig heben, ohne sie zu zerdrücken.

2. Die Pfanne mit etwas Butter langsam erhitzen. Den Teig hineingießen, den Deckel auflegen und den Kuchen auf kleinster Hitze ca. 25–35 Minuten garen (Induktionsherd Stufe 3–4, Garzeit etwa 10 Minuten).

3. Sobald die Oberseite des Kuchens stockt, diesen mithilfe eines gut gefetteten Tellers wenden und von der anderen Seite einige Minuten weitergaren.

4. Lauwarm mit Fruchtsauce, Honig oder Ahornsirup genießen.

KIRSCHKUCHEN

NACH CLAFOUTIS-ART

Für 6 Personen • Vorbereitung: 5 Min. • Garzeit: 40–50 Min. • Schwierigkeitsgrad: einfach
Antihaft-Pfanne 24 cm Durchmesser

Die Zutaten

Eier 3
Schlagsahne ....200 g
gemahlene Vanille ....1 TL
Weizenmehl Type 405.................100 g
Zucker ....90 g
entsteinte Sauerkirschen ... 1 kleines Glas (360 g)
Vanillezucker.....................................1 Päckchen
Butter für Pfanne und Teller ....je 1 TL

Variante

Die Kirschen durch eingemachte Aprikosen, Pfirsiche oder Birnen oder, je nach Jahreszeit, durch frische Früchte ersetzen.

Das Rezept

1. Die Eier aufschlagen und verquirlen. Sahne, Vanille, Mehl und Zucker zufügen. Alle Zutaten mit dem Mixer zu einem glatten Teig verarbeiten. Die Kirschen abgießen und zum Teig geben.

2. Die Pfanne mit etwas Butter langsam erhitzen. Den Teig hineingeben, den Deckel auflegen und den Kuchen knapp 30-40 Minuten bei kleinster Hitze garen (Induktionsherd Stufe 3-4, Garzeit ca. 20 Minuten), dabei den Backvorgang stets im Blick behalten.

3. Sobald die Teigoberfläche einigermaßen fest ist, den Kuchen mithilfe eines gut gefetteten Tellers wenden und von der anderen Seite einige Minuten weitergaren.

4. Den Kuchen mit dem Vanillezucker bestreuen und lauwarm oder kalt genießen.

APRIKOSEN-CRÊPE-KUCHEN
OHNE EI

Für 4 Personen • Vorbereitung: 5 Min. • Garzeit: 15–25 Min. • Schwierigkeitsgrad: einfach
Kosten: € • Antihaft-Pfanne 20 cm Durchmesser

Die Zutaten

Zucker ....80 g
Weizenmehl Type 405..............................50 g
Milch...100 ml
gemahlene Vanille ....1 Prise
Aprikosen...3
Butter für die Pfanne................................. 1 EL

Zum Servieren

geschlagene Sahne ....nach Belieben

Variante

Einen Schuss Rum an den Teig geben.

Das Rezept

1. Zucker, Mehl, Milch und Vanille in eine Schüssel geben und mit dem Mixer gründlich vermischen.

2. Die Aprikosen waschen, trockenreiben, entsteinen und in feine Spalten schneiden. Die Butter langsam in der Pfanne zerlassen, dann die Aprikosen darin braten, bis sie schön weich sind.

3. Dann den Teig in die Pfanne gießen, den Deckel auflegen und den Kuchen bei kleinster Hitze ca. 10–20 Minuten garen (Induktionsherd Stufe 3–4, Garzeit ca. 10 Minuten), dabei den Teig immer wieder vom Pfannenrand lösen. Wenn die Oberfläche einigermaßen fest ist, den Kuchen mithilfe eines gut gefetteten Tellers wenden und von der anderen Seite einige Minuten weitergaren.

4. Den Kuchen auf einen Teller gleiten lassen und mit geschlagener Sahne genießen.

ARME RITTER

MIT ZIMT

Für 4 Personen • Vorbereitung: 10 Min. • Garzeit: ca. 15–25 Min. • Schwierigkeitsgrad: einfach
Antihaft-Pfanne 20–22 cm Durchmesser

Die Zutaten

Baguette oder Brötchen vom Vortag ....½
Ei 1
Zucker ....25 g
Zimt..1 Prise
Vollmilch .... 250 ml + 1 EL
Butter für Pfanne und Teller ....20 g
Puderzucker.. 1 EL

Variante

Die Milch mit Orangenblütenwasser, Zitronenschale
oder Kakaopulver aromatisieren.

Das Rezept

1. Das Baguette in 2 Zentimeter dicke Scheiben schneiden.

2. Das Ei in einem tiefen Teller verquirlen. Zucker, Zimt und 250 ml Milch zugeben und alles mit einer Gabel schaumig schlagen. Die Brotscheiben 2-3 Sekunden in der Eimischung wenden und dann auf einen Teller legen.

3. Die Butter in die Pfanne geben und bei kleinster Hitze zerlassen, bis sie hellgoldbraun ist und leicht duftet. Dann die getränkten Brotscheiben dicht nebeneinander in die Pfanne legen und mit dem Esslöffel Milch beträufeln. Den Deckel auflegen und die Brotscheiben ungefähr 10 Minuten bei schwacher Hitze garen (Induktionsherd Stufe 3-4, Garzeit ca. 4 Minuten).

4. Die Armen Ritter mithilfe eines gut gefetteten Tellers wenden und von der anderen Seite weitere 7-12 Minuten garen. Mit Puderzucker bestreuen und heiß oder lauwarm genießen.

HAFERFLOCKENKUCHEN
MIT STUDENTENFUTTER

Für 6 Personen • Vorbereitung: 10 Min. • Garzeit: ca. 30–40 Min. • Schwierigkeitsgrad: einfach
Antihaft-Pfanne 24 cm Durchmesser

Die Zutaten

Milch...300 ml
Eier 2
flüssiger Honig ....2 EL
zarte Haferflocken.............................150 g
Weizenmehl Type 405............................120 g
Backpulver ....1 Päckchen
Salz ....1 Prise
Studentenfutter ....150 g
Butter für Pfanne und Teller...........................1 TL

Variante

100 g Schokoladensplitter an den Teig geben.

Das Rezept

1. Die Milch in eine Schüssel gießen, Eier und 1 Esslöffel Honig zufügen. Diese Zutaten gründlich mit einem Schneebesen oder einer Gabel verrühren.

2. Haferflocken, Mehl, Backpulver, Salz und Studentenfutter in eine zweite Schüssel geben. Alles vermengen, dann die Milch-Ei-Honig-Mischung zugeben und unterrühren.

3. Die Pfanne mit der Butter einfetten und langsam erhitzen. Den Teig in die Pfanne gießen und bei kleinster Hitze 25–40 Minuten garen (Induktionsherd Stufe 3–4, Garzeit 15–20 Minuten).

4. Sobald der Kuchen oben recht fest ist, mithilfe eines gut gefetteten Tellers wenden und von der anderen Seite etwa 10 Minuten garen. Darauf achten, dass der Kuchenboden nicht an der Pfanne anbackt.

5. Den Kuchen aus der Pfanne lösen, auf eine Kuchenplatte oder einen großen Teller setzen und mit dem restlichen Honig (1 Esslöffel) beträufeln. Lauwarm oder kalt mit einer Tasse Tee oder heißem Kakao genießen.

BANANENKUCHEN
MIT GLASUR

Für 6 Personen • Vorbereitung: 10 Min. • Garzeit: 40–50 Min. • Schwierigkeitsgrad: einfach
Antihaft-Pfanne 24 cm Durchmesser • Backpapierkreis 24 cm Durchmesser

Die Zutaten

Bananen (nicht überreif)....................................3
Butter .... 2 EL
Vanillezucker....................................1 Päckchen
Rum... 1 Schuss
Eier 3
brauner Zucker ....110 g
Sonnenblumenöl.. 3 EL
Vollmilch ....100 ml
Weizenmehl Type 405.............................125 g
Backpulver ....½ Päckchen
gemahlene Mandeln ....50 g
Pflanzenöl für Teller und Pfanne .... etwas

Für die Glasur
Doppelrahmfrischkäse ....200 g
Puderzucker..40 g
Zitronensaft .... 3 EL

Das Rezept

1. Die Bananen schälen und in nicht zu feine Scheiben schneiden. Die Butter langsam in der Pfanne zerlassen und die Bananenscheiben darin anbraten. Vanillezucker und Rum zufügen. Sobald die Bananenscheiben weich sind, diese in eine kleine Schüssel geben und beiseitestellen. Die Pfanne ausspülen.

2. Die Eier aufschlagen. Den Zucker zufügen und die Masse schaumig schlagen. Öl und Milch zugeben und mit dem Rührbesen des Mixers kräftig unterrühren. Dann Mehl, Backpulver und Mandeln einrühren. Alles zu einem glatten Teig verarbeiten. Vorsichtig die Bananen unterheben.

3. Die Pfanne mit Öl einpinseln und auf den Herd stellen. Sobald die Pfanne heiß ist, den Backpapierkreis hineinlegen. Den Teig in die Pfanne füllen, den Pfannendeckel auflegen und den Kuchen ca. 30–40 Minuten bei kleinster Hitze garen (Induktionsherd Stufe 3–4, Garzeit 15–20 Minuten). Wenn die Kuchenoberfläche einigermaßen fest ist, den Kuchen mithilfe eines gut gefetteten Tellers wenden und von der anderen Seite einige Minuten weitergaren.

4. Den Kuchen auf einen Teller setzen und abkühlen lassen. Für die Glasur Frischkäse, Puderzucker und Zitronensaft mischen und auf dem abgekühlten Kuchen verteilen.

WALNUSSKUCHEN

MIT SCHOKOGLASUR

Für 4 Personen • Vorbereitung: 10 Min. • Garzeit: 30–45 Min. • Schwierigkeitsgrad: einfach
Antihaft-Pfanne 20 cm Durchmesser • Backpapierkreis 20 cm Durchmesser

Die Zutaten

Eier 2
Naturjoghurt ....150 g
flüssiger Blütenhonig .... 2 EL
Sonnenblumenöl.. 3 EL
Weizenmehl Type 405........................100 g
Backpulver ....½ Päckchen
gemahlene Walnüsse ....50 g
Pflanzenöl für Teller und Pfanne .... etwas

Für die Glasur und die Verzierung

Zartbitterkuvertüre.....................................50 g
Walnüsse..5–6

Variante

Die Walnüsse (gemahlene und Kerne)
durch Haselnüsse ersetzen.

Das Rezept

1. Die Eier verquirlen. Mit dem gut verrührten Joghurt und Honig gründlich vermischen, das Öl zugießen und unterrühren. Dann Mehl, Backpulver und gemahlene Walnüsse zugeben und alles zu einem glatten Teig verarbeiten.

2. Die Pfanne gut mit Öl einpinseln und bei niedriger Temperatur auf den Herd stellen. Sobald die Pfanne heiß ist, den Backpapierkreis hineinlegen. Den Teig in die Pfanne geben, den Deckel auflegen und den Kuchen 25–40 Minuten bei kleinster Hitze garen (Induktionsherd Stufe 3–4, Garzeit 15–20 Minuten).

3. Wenn die Kuchenoberfläche einigermaßen fest ist, den Kuchen mithilfe eines gut gefetteten Tellers wenden und von der anderen Seite einige Minuten weitergaren. Den Kuchen auf einen Teller setzen.

4. Für die Glasur die Schokolade in Stücke brechen und in eine Schüssel geben. Über einem Wasserbad schmelzen, hierzu die Schüssel auf einen Topf mit köchelndem Wasser setzen. Den Kuchen mit der Glasur übergießen und mit Walnüssen dekorieren. Lauwarm oder kalt genießen.

KAROTTENKUCHEN

Für 6 Personen • Vorbereitung: 15 Min. • Garzeit: 30–50 Min. • Schwierigkeitsgrad: etwas aufwendig
Antihaft-Pfanne 24 cm Durchmesser • Backpapierkreis 24 cm Durchmesser

Das Rezept

1. Die Rosinen mit dem Rum in etwas kochend heißem Wasser einweichen.

2. Die Eier trennen. Eigelbe und Zucker in eine Schüssel geben und schaumig schlagen, bis sich der Zucker aufgelöst hat. Mehl, Backpulver, Haselnüsse, abgetropfte Rosinen, Zitronenschale und -saft, Zimt, Ingwer und Salz zugeben. Alles gut vermischen, dann die Karotten reiben und unterheben. Die Eiweiße mit dem Mixer steif schlagen und mit einem Spatel vorsichtig in die Karottenmischung einarbeiten.

3. Die Pfanne mit Öl einpinseln und bei niedriger Temperatur auf den Herd stellen. Sobald die Pfanne heiß ist, den Backpapierkreis hineinlegen. Den Teig in die Pfanne geben, den Deckel auflegen und den Karottenkuchen bei kleinster Hitze 30–50 Minuten garen (Induktionsherd Stufe 3-4, Garzeit 25–30 Minuten). Regelmäßig den Teig mit einem Spatel vom Pfannenrand lösen.

4. Sobald sich Bläschen auf der Kuchenoberfläche bilden und diese fast fest ist, den Kuchen mithilfe eines gefetteten Tellers wenden. Den Teig in die Pfanne drücken und von der anderen Seite einige Minuten weitergaren. Den Kuchen aus der Pfanne lösen und auf einen Teller setzen. Abkühlen lassen und dann kalt stellen.

Die Zutaten

Rosinen	30 g
Rum	1 EL
Eier	2
brauner Zucker	85 g
Weizenmehl Type 405	40 g
Backpulver	½ Päckchen
gemahlene Haselnüsse	100 g
abgeriebene Bio-Zitronenschale	1 TL
Zitronensaft	2 EL
Zimt	1 TL
gemahlener Ingwer	1 TL
Salz	1 Prise
geschälte Karotten	150 g
Pflanzenöl für Teller und Pfanne	etwas

Für die Glasur

Eiweiß	1
Puderzucker	175 g
Zitronensaft	2 EL

5. Für die Glasur Eiweiß mit Puderzucker und Zitronensaft cremig rühren. Den Kuchen damit überziehen. Die Glasur über Nacht fest werden lassen und den Kuchen gut gekühlt servieren.

PISTAZIENKUCHEN
MIT FEIGEN

Für 6 Personen • Vorbereitung: 10 Min. • Garzeit: 30–40 Min. • Schwierigkeitsgrad: einfach
Antihaft-Pfanne 24 cm Durchmesser • Backpapierkreis 24 cm Durchmesser

Die Zutaten

Eier 3
Zucker ....125 g
Olivenöl ....60 ml
Vollmilch ....100 ml
Weizenmehl Type 405........................125 g
Backpulver ....½ Päckchen
Salz ....1 Prise
gemahlene Pistazien..................................50 g
Feigen..5
grob gehackte Pistazien ....40 g
Pflanzenöl für Teller und Pfanne .... etwas

Variante

Die Feigen durch Himbeeren ersetzen.

Das Rezept

1. Die Eier in einer Schüssel verquirlen, den Zucker zugeben und die Mischung schaumig rühren, bis sich der Zucker aufgelöst hat. Zuerst das Olivenöl, dann die Milch zugießen und kräftig verrühren. Mehl, Backpulver, Salz und gemahlene Pistazien untermengen. Alles zu einem glatten Teig verarbeiten.

2. Die Feigen waschen, 1 Feige vierteln und die anderen in jeweils 6 Scheiben schneiden.

3. Die Pfanne mit etwas Öl einpinseln und bei niedriger Temperatur auf den Herd stellen. Sobald sie heiß ist, den Backpapierkreis hineinlegen. Den Teig in die Pfanne geben und die Feigenscheiben darauflegen. Den Deckel auflegen und den Kuchen bei kleinster Hitze ca. 25–40 Minuten garen (Induktionsherd Stufe 3, Garzeit ca. 20 Minuten).

4. Sobald der Teig oben etwas fest (keinesfalls mehr flüssig) ist, den Kuchen mithilfe eines gut gefetteten Tellers wenden und von der anderen Seite mindestens 5 Minuten weitergaren. Den Kuchen auf einen Teller setzen.

5. Die Pfanne erhitzen und die grob gehackten Pistazien ohne Fett darin rösten. Den Kuchen mit den Pistazien bestreuen und mit der geviertelten Feige belegen. Lauwarm oder kalt servieren.

VERSUNKENER BIRNENKUCHEN

Für 6 Personen • Vorbereitung: 10 Min. • Garzeit: 30–50 Min. • Schwierigkeitsgrad: einfach
Antihaft-Pfanne 24 cm Durchmesser • Backpapierkreis 24 cm Durchmesser

Die Zutaten

Eier 2
Vollmilch ....200 ml
Zucker ....70 g
Weizenmehl Type 405..............................150 g
Backpulver ....½ Päckchen
Salz ....1 Prise
gemahlene Nelken ....1 Prise
Birnen...3 oder 4
Pflanzenöl für Pfanne und Teller ....etwas

Varianten

Die Nelken durch Vanille
oder Ingwer ersetzen.

Das Rezept

1. Die Eier in einer Schüssel verquirlen. Milch und Zucker zufügen und die Mischung mit dem Mixer schaumig rühren, bis sich der Zucker aufgelöst hat. Mehl, Backpulver, Salz und Nelken zufügen und gründlich unterrühren.

2. Die Birnen schälen und in feine Spalten schneiden.

3. Die Pfanne mit etwas Öl einpinseln und bei niedriger Temperatur auf den Herd stellen. Sobald sie heiß ist, den Backpapierkreis hineinlegen. Etwas Teig in die Pfanne geben, mit Birnenscheiben belegen, dann mit Teig bedecken. Auf diese Weise Teig und Birnen schichten, bis alle Zutaten aufgebraucht sind.

4. Den Deckel auflegen und den Kuchen bei kleinster Hitze ca. 30–50 Minuten garen (Induktionsherd Stufe 3–4, Garzeit 20 Minuten). Sobald die Teigoberfläche fest ist, den Kuchen mithilfe eines gut gefetteten Tellers wenden und von der anderen Seite einige Minuten weitergaren.

5. Den Kuchen auf einen Teller geben. Lauwarm oder kalt, nach Belieben mit geschlagener Sahne genießen.

ZITRONENKUCHEN

MIT LEMON-CURD-GLASUR

Für 4 Personen • Vorbereitung: 5 Min. • Garzeit: 30–50 Min. • Schwierigkeitsgrad: einfach
Antihaft-Pfanne 22 cm Durchmesser • Backpapierkreis 22 cm Durchmesser

---

Die Zutaten

Zitronenjoghurt ....150 g
abgeriebene Bio-Zitronenschale .... 1 EL
Eier 2
Pflanzenöl..50 ml
Zucker ....50 g
Weizenmehl Type 405..............................150 g
Backpulver ....½ Päckchen
Salz ....1 Prise
Lemon Curd (Internethandel, siehe Tipp) ....225 g
Pflanzenöl für Teller und Pfanne .... etwas

Tipp

Sollte Lemon Curd nicht erhältlich sein, den Kuchen
ohne Lemon Curd zubereiten und einfach 25 g mehr
Zucker an den Teig geben.

Das Rezept

1. Den Joghurt in eine Schüssel geben. Zitronenschale, Eier und Öl hinzufügen und mit einem
Holzlöffel kräftig unterrühren. Dann Zucker, Mehl,
Backpulver und Salz einarbeiten. Alles gründlich
vermischen.

2. Die Pfanne mit etwas Öl einpinseln und bei
niedriger Temperatur auf den Herd stellen.
Sobald sie heiß ist, den Backpapierkreis hineinlegen. Den Teig in die Pfanne gießen, den Deckel
auflegen und den Kuchen bei kleinster Hitze ca.
20–50 Minuten garen (Induktionsherd Stufe 3–4,
Garzeit 15 Minuten).

3. Sobald die Teigoberfläche trocken ist, den
Kuchen mithilfe eines gut gefetteten Tellers
wenden und von der anderen Seite einige
Minuten weitergaren.

4. Den Kuchen auf einen Teller setzen, abkühlen
lassen, dann mit Lemon Curd (oder einem
Puderzucker-Zitronensaft-Guss) überziehen
und servieren.

MADELEINE–KUCHEN
MIT ORANGENBLÜTENAROMA

Für 4 Personen • Vorbereitung: 5 Min. • Garzeit: 20–35 Min. • Schwierigkeitsgrad: einfach
Antihaft-Pfanne 20 cm Durchmesser • Backpapierkreis 20 cm Durchmesser

Die Zutaten

Eier 2
Schlagsahne ....100 g
Olivenöl .... 2 EL
Zucker ....40 g
Orangenblütenwasser (siehe Tipp) .... 2 EL
Weizenmehl Type 405............................150 g
Backpulver ....½ Päckchen
Salz ....1 Prise
Puderzucker .... 1 EL
Pflanzenöl für Pfanne und Teller .... etwas

Variante

Das Orangenblütenwasser kann durch 1 Teelöffel gemahlene Vanille ersetzt werden. Sie bekommen das Blütenwasser in Apotheken oder im Internethandel.

Das Rezept

1. Alle Zutaten in eine Schüssel geben (außer Puderzucker und Pflanzenöl für die Pfanne). Mit dem Mixer zu einem glatten Teig verarbeiten.

2. Die Pfanne mit dem Pflanzenöl einpinseln und bei niedriger Temperatur erhitzen. Dann den Backpapierkreis hineinlegen. Den Teig in die Pfanne gießen, den Deckel auflegen und den Kuchen bei kleinster Hitze ca. 20–35 Minuten garen (Induktionsherd Stufe 3–4, Garzeit ca. 10 Minuten).

3. Sobald sich auf der Teigoberfläche Blasen bilden, die Pfanne im Auge behalten, da der Kuchen nun fast gar ist. Wenn die Kuchenoberfläche fast trocken ist, die Kuchenränder mit einem Spatel lösen, den Kuchen mithilfe eines gut gefetteten Tellers wenden und mindestens 5 Minuten von der anderen Seite weitergaren, dabei den Garvorgang überwachen.

4. Den Kuchen auf einen Teller setzen und etwas abkühlen lassen. Dann mit Puderzucker bestreuen und lauwarm oder kalt genießen.

GLUTENFREIER MANDELKUCHEN
MIT ZITRONENGLASUR

Für 4 Personen • Vorbereitung: 10 Min. • Garzeit: 30—45 Min. • Schwierigkeitsgrad: einfach
Antihaft-Pfanne 20 cm Durchmesser • Backpapierkreis 20 cm Durchmesser

Die Zutaten

Eier 2
Naturjoghurt ....150 g
brauner Zucker ....40 g
Oliven-, Sonnenblumen- oder Traubenkernöl ....3 EL
Speisestärke....................................50 g
Reismehl ....50 g
glutenfreies Backpulver ....½ Päckchen
gemahlene Mandeln ....50 g
abgeriebene Bio-Zitronenschale ....1 EL
Pflanzenöl für Pfanne und Teller ....etwas

Für die Glasur
Zitronensaft ....2 EL
Puderzucker...............................125 g

Variante
Den Joghurt durch Mandelcreme ersetzen.

Das Rezept

1. Die Eier in einer Schüssel verquirlen. Joghurt, Zucker und Öl zugeben und alles mit einem Schneebesen gut vermengen. Speisestärke, Reismehl und Backpulver unterrühren. Mandeln und Zitronenschale einarbeiten, bis ein glatter Teig entsteht.

2. Die Pfanne mit etwas Öl einpinseln und bei niedriger Temperatur auf den Herd stellen. Sobald sie heiß ist, den Backpapierkreis hineinlegen. Den Teig in die Pfanne füllen, den Deckel auflegen und den Kuchen bei kleinster Hitze ca. 20–45 Minuten garen (Induktionsherd Stufe 3–4, Garzeit 15–20 Minuten).

3. Sobald die Oberfläche trocken ist, den Kuchen mithilfe eines gut gefetteten Tellers wenden und von der anderen Seite einige Minuten weitergaren. Den Kuchen auf einen Teller setzen und vollständig abkühlen lassen.

4. Für die Glasur Zitronensaft und Puderzucker verrühren, bis eine halbfeste Masse entsteht. Die Glasur mit Pinsel oder Spatel auf den Kuchen streichen und vor dem Servieren fest werden lassen.

APFEL-CRUMBLE

MIT BEEREN

Für 4 Personen • Vorbereitung: 10 Min. • Garzeit: 30–45 Min. • Schwierigkeitsgrad: einfach
Antihaft-Pfanne 20 cm Durchmesser

Die Zutaten

weiche Butter .... 4 EL
Kokosraspel... 4 EL
feiner Grieß .... 4 EL
Weizenmehl Type 405................................. 4 EL
brauner Zucker .... 4 EL
Äpfel..2
gemischte Beeren .... 350 g
geschlagene Sahne .... zum Servieren
Butter für Pfanne und Teller...................... etwas

Tipp

2 Stangen Rhabarber in kleine Stücke
schneiden und hinzufügen.

Das Rezept

1. Die Butter würfeln und mit Kokosraspel, Grieß, Mehl und Zucker in eine Schüssel geben. Mit den Fingerspitzen zu Streuseln verarbeiten.

2. Die Äpfel schälen, entkernen und in feine Spalten schneiden.

3. Etwas Butter langsam in der Pfanne erhitzen, zuerst die Äpfel, dann die Beeren zufügen. Die Früchte mit den Streuseln bedecken. Den Pfannendeckel auflegen und den Crumble 30–45 Minuten bei kleinster Hitze garen (Induktionsherd Stufe 3-4, Garzeit 20–25 Minuten).

4. Den Crumble lauwarm oder kalt mit etwas geschlagener Sahne genießen.

SCHOKOLADENCOOKIE
MIT WEICHEM KERN

Für 4 Personen • Vorbereitung: 10 Min. • Garzeit: 20–40 Min. • Schwierigkeitsgrad: einfach
Antihaft-Pfanne 20 cm Durchmesser

Die
Zutaten

Ei 1
Butter, zerlassen ....50 g
brauner Zucker ....75 g
Kakaopulver.. 1 EL
Weizenmehl Type 405............................125 g
Backpulver ....½ Päckchen
Vollmilch- + Zartbitterschokotropfen ....150 g
Butter für Pfanne und Teller ....1 TL

Variante

Die Schokotropfen durch grobe Stücke weiße,
Vollmilch- und Zartbitterschokolade ersetzen.

Das
Rezept

1. Das Ei in einer Schüssel verquirlen, die Butter zufügen und beides mit einem Holzlöffel vermischen. Zucker und Kakao unterrühren. Mehl und Backpulver einarbeiten, bis ein glatter Teig entsteht. Nun die Schokotropfen unterrühren.

2. Die Butter bei schwacher Hitze in der Pfanne zerlassen, dann den Teig hineingeben. Den Deckel auflegen und den Cookie bei kleinster Hitze ca. 20–40 Minuten garen (Induktionsherd Stufe 3–4, Garzeit etwa 10 Minuten). Den Cookie mithilfe eines gut gefetteten Tellers wenden und von der anderen Seite 4–5 Minuten weitergaren.

3. Den Cookie aus der Pfanne heben und lauwarm oder kalt zu einer Tasse heiße Schokolade servieren.

RIESENCOOKIE
MIT KARAMELL

Für 4 Personen • Vorbereitung: 10 Min. • Garzeit: 15–30 Min. • Schwierigkeitsgrad: einfach
Antihaft-Pfanne 20 cm Durchmesser • Backpapierkreis 20 cm Durchmesser

Die Zutaten

Ei 1
Butter, zerlassen ....50 g
brauner Zucker ....75 g
Weizenmehl Type 405...............100 g
Backpulver.....................................½ Päckchen
Karamellriegel,
z. B. Wunderbar von Cadbury....................150 g
gemahlene Haselnüsse................................25 g
Pflanzenöl für Pfanne und Teller .... etwas

Tipp

Der Cookie schmeckt auch mit anderen Schokoriegeln gut.

Das Rezept

1. Das Ei in einer Schüssel verquirlen, die Butter zufügen und beides mit einem Holzlöffel vermischen.

2. Den Zucker unterrühren. Mehl und Backpulver einarbeiten, bis ein glatter Teig entsteht.

3. Die Schokoriegel in Stücke schneiden und mit den gemahlenen Haselnüssen zum Teig geben.

4. Die Pfanne mit Öl einpinseln und bei niedriger Temperatur auf den Herd stellen. Sobald die Pfanne heiß ist, den Backpapierkreis hineinlegen. Den Teig in die Pfanne geben, den Deckel auflegen und den Cookie bei kleinster Hitze etwa 15–25 Minuten garen (Induktionsherd Stufe 3–4, Garzeit ca. 10 Minuten).

5. Wenn die Oberfläche trocken ist, den Cookie mithilfe eines gut gefetteten Tellers wenden und von der anderen Seite 4–5 Minuten weitergaren. Den Cookie auf einen Teller geben und lauwarm oder kalt genießen.

CRANBERRY–COOKIE
MIT WEISSEN SCHOKOSTÜCKCHEN

Für 4 Personen • Vorbereitung: 10 Min. • Garzeit: 15–30 Min. • Schwierigkeitsgrad: einfach
Antihaft-Pfanne 20 cm Durchmesser

Die Zutaten

Ei 1
Butter, zerlassen ....50 g
brauner Zucker ....75 g
Weizenmehl Type 405............................100 g
Backpulver ....½ Päckchen
getrocknete Cranberrys...........................60 g
abgeriebene Bio-Zitronenschale ....1 TL
weiße Schokotropfen ....100 g
Butter für Pfanne und Teller......................etwas

Tipp

1 Prise frisch geriebenen Ingwer an den Teig geben.

Das Rezept

1. Das Ei in einer Schüssel verquirlen, die zerlassene Butter zufügen und beides mit einem Holzlöffel vermischen.

2. Den Zucker einrühren. Dann Mehl und Backpulver zugeben und alles zu einem glatten Teig verarbeiten. Cranberrys, Zitronenschale und Schokotropfen einrühren.

3. Die Butter bei kleinster Hitze in der Pfanne zerlassen und den Teig hineingeben. Den Deckel auflegen und den Cookie ungefähr 15–25 Minuten bei schwacher Hitze garen (Induktionsherd Stufe 3–4, Garzeit ca. 10 Minuten).

4. Wenn die Oberfläche trocken ist, den Cookie mithilfe eines gut gefetteten Tellers wenden und von der anderen Seite 4–5 Minuten weitergaren. Den Cookie aus der Pfanne heben und lauwarm oder kalt genießen.

RIESENMUFFIN

MIT SCHOKOLADE

Für 6 Personen • Vorbereitung: 10 Min. • Garzeit: 35–45 Min. • Schwierigkeitsgrad: einfach
Antihaft-Pfanne 24 cm Durchmesser • Backpapierkreis 24 cm Durchmesser

Die Zutaten

Naturjoghurt ....150 g
Eier 2
Pflanzenöl.. 2 EL
Zucker ....100 g
Weizenmehl Type 405..............................100 g
Backpulver ....½ Päckchen
Salz ....1 Prise
gemahlene Mandeln ....50 g
Zartbitterschokotropfen ....50 g
Pekannüsse, grob gehackt ....50 g
Pflanzenöl für Pfanne und Teller .... etwas

Tipp

Den Muffin mit geschlagener Sahne oder einer Kugel Vanilleeis servieren. Für einen besonders schokoladigen Muffin noch 3 Esslöffel Kakao an den Teig geben.

Das Rezept

1. Den Joghurt in eine Schüssel geben. Die Eier einzeln zufügen und jedes Mal kräftig unterrühren. Dann Öl, Zucker, Mehl, Backpulver und Salz zugeben und alles zu einem glatten Teig verarbeiten. Zum Schluss Mandeln, Schokolade und Pekannüsse unterheben.

2. Die Pfanne mit etwas Öl einpinseln und bei kleinster Temperatur auf den Herd stellen. Sobald die Pfanne heiß ist, den Backpapierkreis hineinlegen. Den Teig in die Pfanne geben, den Deckel auflegen und den Muffin 25–40 Minuten bei schwacher Hitze garen (Induktionsherd Stufe 3-4, Garzeit ca. 20-30 Minuten).

3. Sobald die Teigoberfläche fast fest, aber noch ein wenig feucht ist, den Muffin vorsichtig mit einem eingefetteten Teller wenden. Den Muffin von der anderen Seite einige Minuten weitergaren.

4. Den Muffin auf einen Teller setzen. Vor dem Schneiden vollständig auskühlen lassen.

DAMPFNUDELN

Für 2 Personen • Vorbereitung: 25 Min. • Gehzeit: 2 x 40 Min. • Garzeit: 20–35 Min. • Schwierigkeitsgrad: einfach
Antihaft-Pfanne 24 cm Durchmesser

Die Zutaten

lauwarme Milch ....120 ml
Trockenhefe ....11 g
Zucker .... 2 EL
Salz ....1 Prise
Butter, zerlassen ....30 g
Ei..1
Weizenmehl Type 405...............................200 g
Butter für die Pfanne .... 1 EL
gezuckerte Milch ....200 ml

Tipp

Die Dampfnudeln wenden,
damit sie von beiden Seiten braun sind.

Das Rezept

1. Die lauwarme Milch in eine große Schüssel gießen und die Hefe darin auflösen. Dann Zucker, Salz und zerlassene Butter zufügen und untermischen.

2. Ei und Mehl zugeben und den Teig von Hand kneten. Sobald der Teig trocken ist und nicht mehr an den Händen klebt, diesen an einem warmen, zugluftfreien Ort gehen lassen. Hierfür 40 Minuten einplanen, damit sich das Teigvolumen verdoppeln kann.

3. Den Teig nochmals leicht von Hand kneten, damit die Gase entweichen können. Den Teig halbieren und beide Hälften weitere 40 Minuten an einem warmen, zugluftfreien Ort gehen lassen.

4. Die gezuckerte Milch erhitzen. Die Pfanne mit der Butter bei kleinster Temperatur erhitzen. Eine Teigkugel in die Pfanne geben und mit der Hälfte der Milch begießen. Den Pfannendeckel auflegen und den Teig bei schwacher Hitze knapp 30 Minuten garen (Induktionsherd Stufe 3–4, Garzeit ca. 20 Minuten). Dabei die Pfanne stets im Blick behalten. Die Dampfnudel ist gar, sobald sie goldbraun wird. Mit der zweiten Teigkugel ebenso verfahren.

5. Die Dampfnudeln lauwarm mit Apfelkompott oder Konfitüre genießen.

GESTÜRZTER ANANASKUCHEN

MIT ERDBEERSAUCE

Für 4 Personen • Vorbereitung: 5 Min. • Garzeit: 25–45 Min. • Schwierigkeitsgrad: einfach
Antihaft-Pfanne 20 cm Durchmesser

Die Zutaten

Eier 3
Zucker ....110 g
weiche Butter ....80 g
Rum.. 1 EL
Weizenmehl Type 405....................................100 g
Backpulver ....1 Päckchen
Kokosraspel...25 g
Karamellsauce, z. B. von Schwartau.............. 4 EL
Ananas................................1 Dose à 400 g
Pflanzenöl für den Teller .... etwas

Für die Erdbeersauce

Erdbeeren ....250 g
Puderzucker.. 1 EL
Zitronensaft ....1 TL

Variante

Für eine alkoholfreie Version den Rum
durch Ananassaft ersetzen.

Das Rezept

1. Die Eier aufschlagen, den Zucker zugeben und die Mischung mit einem Schneebesen schaumig rühren, bis sich der Zucker aufgelöst hat. Nach und nach die Butter zugeben und alles zu einer glatten Masse verarbeiten. Rum, Mehl, Backpulver und zum Schluss die Kokosraspel gründlich einarbeiten.

2. Die Karamellsauce in die Pfanne gießen und 4-5 Ananasscheiben mittig darauflegen. Sie dürfen einander leicht überlappen. Den Teig darübergeben und den Kuchen bei kleinster Hitze etwa 20–35 Minuten garen (Induktionsherd Stufe 3–4, Garzeit ca. 20 Minuten). Den Deckel auflegen und die Pfanne stets im Blick behalten, damit der Kuchen nicht anbrennt.

3. Die Kuchenränder mit einem Silikonspatel von der Pfanne lösen. Nun den Kuchen mithilfe eines gut gefetteten Tellers wenden und von der anderen Seite einige Minuten weitergaren, bis er schön goldbraun ist.

4. Für die Erdbeersauce die Erdbeeren mit Puderzucker und Zitronensaft glatt pürieren.

5. Den Kuchen aus der Pfanne lösen, auf einen Teller setzen und lauwarm oder kalt mit der Erdbeersauce genießen.

OMELETTE–SOUFFLÉ

FLAMBIERT

Für 4 Personen • Vorbereitung: 5 Min. • Garzeit: 5–10 Min. • Schwierigkeitsgrad: sehr einfach
Antihaft-Pfanne 26 cm Durchmesser

Die Zutaten

Eier 6
Zucker ....150 g
abgeriebene Bio-Orangenschale .... 1 EL
Salz ....1 Prise
Butter für Pfanne ....20 g
Orangenlikör,
z. B. Grand Marnier® ....1 kleines Glas

Varianten

Das Omelette mit etwas Vanillemark
oder Zitronenschale aromatisieren.

Das Rezept

1. Die Eier trennen. Zucker und Eigelbe in eine Schüssel geben und schaumig aufschlagen. Die Mischung sollte zähflüssig über einen Teigschaber fließen und dabei nicht reißen. Die Orangenschale zufügen.

2. Die Eiweiße mit der Prise Salz mit dem Mixer steif schlagen. Den Eischnee mit einem Spatel vorsichtig unter die Zucker-Eigelb-Mischung heben.

3. Die Butter bei niedriger Temperatur in der Pfanne zerlassen, das Omelette hineingießen und bei kleinster Hitze 5–10 Minuten garen (Induktionsherd Stufe 4, Garzeit ca. 4–5 Minuten), dabei die Pfanne nicht aus den Augen lassen. Soll das Omelette von beiden Seiten goldbraun sein, vorsichtig mit einem Spatel oder gefetteten Teller wenden.

4. Den Orangenlikör in einer Pfanne erhitzen, über das Omelette gießen, flambieren und sofort genießen.

QUARK–SAHNE–KUCHEN
MIT VANILLE

Für 6 Personen • Vorbereitung: 10 Min. • Garzeit: 30–45 Min. • Ruhezeit: 1 Std. • Schwierigkeitsgrad: einfach
Antihaft-Pfanne 24 cm Durchmesser • Backpapierkreis 24 cm Durchmesser

Die Zutaten

Sahnequark.....................................325 g
Schlagsahne ....200 g
Zucker ....125 g
gemahlene Vanille ....1 TL
Eier 3
Weizenmehl Type 405.................... 2 EL
Salz ....1 Prise
Pflanzenöl für die Pfanne .... etwas

Tipp

1 Esslöffel abgeriebene Bio-Zitronenschale
zum Teig geben.

Das Rezept

1. Den Quark in eine Schüssel geben. Sahne, Zucker und Vanille zugeben.

2. Die Eier trennen. Die Eigelbe zur Sahnemischung geben und alles glatt rühren. Das Mehl gründlich unterziehen.

3. Die Eiweiße mit der Prise Salz mit dem Mixer zu steifem Schnee aufschlagen und dann vorsichtig unter den Teig heben.

4. Die Pfanne mit dem Öl einpinseln und bei kleinster Temperatur auf den Herd stellen. Den Backpapierkreis hineinlegen. Den Teig daraufgeben, den Pfannendeckel auflegen und den Kuchen bei schwacher Hitze 35-40 Minuten garen (Induktionsherd Stufe 3-4, Garzeit 25–30 Minuten).

5. Sobald die Oberfläche etwas fest ist, die Pfanne vom Herd nehmen. Den Kuchen einige Minuten abkühlen lassen und auf einen Teller setzen.

6. Den Kuchen vollständig auskühlen lassen und vor dem Verzehr mindestens 1 Stunde kühlen.

MARONENCREMEKUCHEN

Für 4 Personen • Vorbereitung: 10 Min. • Garzeit: 30–50 Min. • Schwierigkeitsgrad: etwas aufwendig
Antihaft-Pfanne 22 cm Durchmesser • Backpapierkreis 22 cm Durchmesser

Das Rezept

1. Die Maronencreme in eine Schüssel geben. Die Eier trennen. Eigelbe und Maronencreme mit dem Mixer vermischen. Crème fraîche, Mehl und Backpulver zugeben und alles zu einer glatten Creme verarbeiten.

2. Eiweiße und Salz mit dem Mixer steif schlagen. Den Eischnee vorsichtig unter den Teig heben.

3. Die Pfanne mit dem Öl einpinseln und bei kleinster Temperatur auf den Herd stellen. Sobald die Pfanne heiß ist, den Backpapierkreis hineinlegen. Den Teig in die Pfanne geben, den Deckel auflegen und den Kuchen bei schwacher Hitze 25–45 Minuten garen (Induktionsherd Stufe 3–5, Garzeit ca. 20–25 Minuten). Der Teig wird dabei aufgehen. Regelmäßig mit einem Spatel unter dem Kuchenrand entlangstreichen, damit der Teig leicht zusammenfällt.

4. Sobald sich auf der Teigoberfläche Blasen bilden, den Kuchenrand von der Pfanne lösen und den Kuchen mit einem großen Spatel oder einem eingefetteten Teller wenden. Das erfordert etwas Fingerspitzengefühl und der noch flüssige Teig fließt dabei auf den Pfannenboden. Den Kuchen vollständig wenden und von der anderen Seite einige Minuten weitergaren.

Die Zutaten

Maronencreme	250 g
Eier	2
Crème fraîche	2 EL
Weizenmehl Type 405	1 EL
Backpulver	½ Päckchen
Salz	1 Prise
Pflanzenöl für Pfanne und Teller	etwas

Zum Servieren

geschlagene Sahne
Orangensauce

Tipp

1 Teelöffel Bio-Mandarinenschale an den Teig geben.

5. Den fertigen Kuchen auf einen Teller setzen und abkühlen lassen. Den Kuchen mit geschlagener Sahne oder Orangensauce oder einfach natur genießen.

TARTE TATIN
MIT KARAMELL

Für 4 Personen • Vorbereitung: 10 Min. • Garzeit: 1–1,5 Std. • Schwierigkeitsgrad: einfach
Antihaft-Pfanne 20 cm Durchmesser

Das Rezept

Die Zutaten

1. Die Äpfel schälen, vierteln und entkernen. Die Pfanne großzügig mit 25 g Butter einfetten und 25 g Zucker daraufstreuen.

2. Einige Apfelviertel kreisförmig mit der Wölbung nach unten in der Pfanne anordnen. Darauf eine zweite Lage Apfelviertel schichten, diesmal mit der ausgehöhlten Seite nach unten (Richtung Pfannenboden), damit die Apfelstücke schön ineinanderliegen und keine Lücken entstehen.

3. Die Äpfel gleichmäßig mit den restlichen 25 g Zucker bestreuen. Die restlichen 25 g Butter in feine Stücke schneiden und gleichmäßig auf dem Kuchen verteilen. Den Pfannendeckel auflegen und die Äpfel bei kleinster Hitze etwa 35-45 Minuten kandieren (Induktionsherd Stufe 4, ca. 30 Minuten). Es soll sich ein heller Karamell bilden.

4. Den Mürbeteig zu einem Kreis etwas über Pfannengröße zuschneiden, damit Äpfel und Pfannenrand großzügig bedeckt sind. Den Teig auf die Äpfel legen und den Pfannendeckel wieder auflegen. Die Tarte weitere 30-40 Minuten garen. Der Teig wird am Deckel haften, das soll so sein.

Kochäpfel
(z. B. Goldparmäne oder Boskop) 4–5
Butter ....50 g
Zucker ....50 g
Mürbeteig (Fertigprodukt) .... 1 Portion

Zum Servieren
geschlagene Sahne
Vanilleeis

5. Die Pfanne vom Herd nehmen und die Tarte 5 Minuten abkühlen lassen. Dann die Äpfel behutsam vom Pfannenboden lösen und die Tarte vorsichtig auf einen gut gefetteten Teller stürzen. Die Tarte zurück in die Pfanne gleiten lassen und den Teig ebenfalls bei schwacher Hitze 15 Minuten anbräunen.

6. Die Tarte auf einen Teller geben und lauwarm mit geschlagener Sahne oder einer Kugel Vanilleeis genießen.

ORANGEN-TARTE
MIT SPEKULATIUS

Für 4 Personen • Vorbereitung: 1 Std. • Garzeit: 25 Min. • Schwierigkeitsgrad: einfach
Antihaft-Pfanne 20 cm Durchmesser

Das Rezept

1. Puderzucker, 30 ml Wasser und Essig in einem Edelstahltopf ohne Deckel bei mittlerer Temperatur erwärmen und sanft karamellisieren lassen, ohne zu rühren. Wenn der Karamell eine schöne orange Farbe angenommen hat, vom Herd nehmen und ganz vorsichtig das kalte Wasser den Topfrand entlanglaufen lassen – VORSICHT: es spritzt! Die Masse wieder 1 bis 2 Minuten erhitzen, dann in ein Schraubglas füllen und abkühlen lassen.

2. Die Orange in feine Scheiben schneiden. Die Karamellcreme in die Pfanne geben, die Orangenscheiben hineinlegen und bei niedriger Temperatur erhitzen, bis die Karamellcreme Blasen wirft und die Orangenscheiben weich und zart sind.

3. Für den Teigboden die Spekulatius in einen Frischhaltebeutel geben, diesen fest verschließen und die Kekse mit einer Kuchenrolle so weit zerkleinern, dass sie wie grob gemahlen sind.

4. Dieses grobe Keksmehl in eine Schüssel geben, gemahlene Mandeln und Butter zufügen und alle Zutaten mit den Fingerspitzen zu einem krümeligen Teig verarbeiten.

5. Die Orangenscheiben überlappend in der Pfanne anordnen. Den Teig daraufgeben und gut andrücken. Die Orangenscheiben müssen vollständig bedeckt sein.

Die Zutaten

Für die Karamellcreme
Puderzucker	250 g
Wasser	30 ml
weißer Essig	2 TL
kaltes Wasser	100 ml

Zusätzlich
Bio-Orange	1

Für den Teigboden
Spekulatius	200 g
gemahlene Mandeln	2 EL
weiche Butter	50 g

Variante

Die Orange durch eine Zitrone oder eine Limette ersetzen.

6. Die Tarte einige Minuten garen, dann mithilfe eines gut gefetteten Tellers wenden und von der anderen Seite einige Minuten weitergaren.

7. Die Tarte auf einen Teller gleiten lassen und lauwarm oder kalt mit einer Kugel Zimt- oder dunklem Schokoladeneis genießen.

DREIKÖNIGSKUCHEN
AUS FILO–TEIG

Für 6 Personen • Vorbereitung: 10 Min. • Garzeit: 30–50 Min. • Schwierigkeitsgrad: einfach
Antihaft-Pfanne 24 cm Durchmesser

Die Zutaten

Filo- oder Yufka-Teigblätter 4
Butter, zerlassen..2 EL
gemahlene Mandeln ....125 g
Puderzucker...125 g
weiche Butter ....100 g
Eier 2
Bittermandelaroma.........................1–2 Tropfen
Butter für Pfanne und Teller ....je 1 EL

Variante

Gemahlene Mandeln durch
gemahlene Haselnüsse ersetzen.

Das Rezept

1. Die Teigblätter mit der zerlassenen Butter bepinseln.

2. Mandeln und Puderzucker in eine Schüssel geben und vermischen. Die weiche Butter in Stücke schneiden und mit Eiern und Bittermandelaroma zur Mandel-Zucker-Mischung geben. Alles mit einer Gabel gründlich verrühren.

3. Auf einem Teller 2 Teigblätter aufeinanderlegen. Die Mandelmischung in die Mitte füllen und über einen Durchmesser von 24 Zentimetern gut verteilen. Die überstehenden Ränder über die Füllung falten.

4. Die beiden restlichen Teigblätter darauflegen und die überstehenden Ränder unter die beiden ersten Teigblätter falten, damit ein dicht verschlossenes Päckchen entsteht.

5. Die Butter langsam in der Pfanne erhitzen und den Kuchen hineingeben. Den Deckel auflegen und den Kuchen bei kleinster Hitze 15–25 Minuten garen (Induktionsherd Stufe 3–4, Garzeit 10–15 Minuten), bis er schön goldbraun ist. Nun den Kuchen mithilfe eines gut gefetteten Tellers wenden und von der anderen Seite weitere 10–20 Minuten garen. Den Kuchen heiß oder lauwarm genießen.

KÄSEKUCHEN

MIT WEISSER SCHOKOLADE

Für 4 Personen • Vorbereitung: 10 Min. • Garzeit: 40–50 Min. • Schwierigkeitsgrad: einfach
Antihaft-Pfanne 20 cm Durchmesser • Backpapierkreis 20 cm Durchmesser

Das Rezept

1. Die Schokolade in Stücke brechen und im Wasserbad schmelzen. Dazu den Topf mit der Schokolade auf einen Topf mit köchelndem Wasser setzen.

2. Die Eier trennen. Mit dem Mixer Eiweiße und Salz steif schlagen.

3. Sobald die Schokolade geschmolzen ist, die Eigelbe einzeln einarbeiten. Den Frischkäse zufügen und kräftig unterrühren, anschließend den Eischnee mit einem Spatel vorsichtig von unten nach oben einarbeiten, damit er nicht zusammenfällt.

4. Die Pfanne mit dem Öl einpinseln und bei kleinster Temperatur auf den Herd stellen. Sobald sie heiß ist, den Backpapierkreis hineinlegen. Bei einem Gasherd einen zweiten Backpapierkreis in die Pfanne legen. Den Teig in die Pfanne geben, den Deckel auflegen und den Käsekuchen bei kleinster Hitze ca. 40–50 Minuten garen (Induktionsherd Stufe 3-4, Garzeit 30–35 Minuten).

5. In der Zwischenzeit die Beeren waschen und putzen, dann mit Zitronensaft und Puderzucker pürieren.

Die Zutaten

weiße Schokolade.......................................125 g
Eier 3
Salz ....1 Prise
Doppelrahmfrischkäse ....125 g
Pflanzenöl für Pfanne................................ etwas

Für die Beerensauce

gemischte Beeren ....250 g
Zitronensaft .... 1 EL
Puderzucker.. 1 EL

6. Wenn der Käsekuchen gar ist, die Kuchenränder mit einem Spatel von der Pfanne lösen. Den Kuchen auf einen Teller setzen. Den Käsekuchen gut gekühlt mit der Beerensauce genießen.

SCHOKOLADENKUCHEN

Für 4 Personen • Vorbereitung: 10 Min. • Garzeit: 20–40 Min. • Schwierigkeitsgrad: einfach
Antihaft-Pfanne 20 cm Durchmesser • Backpapierkreis 20 cm Durchmesser

Die Zutaten

Zartbitterschokolade .... 150 g
Eier 3
Salz .... 1 Prise
Quark, abgetropft .... 150 g
Speisestärke .... 2 EL
Pflanzenöl für die Pfanne .... etwas

Zum Servieren

Orangenmarmelade

Variante

Den Quark durch Frischkäse (Doppelrahmstufe)
oder Mascarpone ersetzen.

Das Rezept

1. Die Schokolade in Stücke brechen und im Wasserbad schmelzen. Dazu den Topf mit der Schokolade auf einen Topf mit köchelndem Wasser setzen.

2. Die Eier trennen. Mit dem Mixer Eiweiße und Salz steif schlagen.

3. Sobald die Schokolade geschmolzen ist, die Eigelbe einzeln gründlich einarbeiten. Den Quark zufügen und unterheben. Nun die Speisestärke zugeben und kräftig rühren, bis eine glatte Creme entsteht. Mit einem Spatel den Eischnee vorsichtig von unten nach oben einarbeiten, damit er nicht zusammenfällt.

4. Die Pfanne mit dem Öl einpinseln und bei kleinster Temperatur auf den Herd stellen. Sobald die Pfanne heiß ist, den Backpapierkreis hinein-legen. Den Teig in die Pfanne geben, den Deckel auflegen und den Kuchen bei kleinster Hitze ca. 20–40 Minuten garen (Induktionsherd Stufe 3–4, Garzeit ca. 20 Minuten). Er darf in der Mitte nicht vollständig durchgegart sein, beim Rütteln an der Pfanne sollte er noch leicht zittern.

5. Die Pfanne vom Herd nehmen und den Kuchen in der Pfanne auskühlen lassen. Aus der Pfanne heben und mit Orangenmarmelade servieren.

MENGEN UND ENTSPRECHUNGEN

Zutaten abwiegen ohne Waage

Zutaten	1 Teelöffel	1 Esslöffel	1 Glas à 200 ml
Butter	7 g	20 g	–
Kakaopulver	5 g	10 g	90 g
Crème fraîche	15 g	40 g	200 g
Sahne	7 g	20 g	200 g
Mehl	3 g	10 g	100 g
geriebener Hartkäse	4 g	12 g	65 g
Speisestärke	3 g	10 g	100 g
gemahlene Mandeln	6 g	15 g	75 g
Rosinen	8 g	30 g	110 g
Reis	7 g	20 g	150 g
Salz	5 g	15 g	–
Grieß, Couscous	5 g	15 g	150 g
Zucker	5 g	15 g	150 g
Puderzucker	3 g	10 g	110 g

Flüssigkeiten abmessen

1 Likörglas = 30 ml
1 kleine Tasse = 80 bis 100 ml
1 Glas = 200 ml
1 Becher = 300 ml
1 Schale = 350 ml

Gut zu wissen

1 Ei = 50 g
1 Flocke Butter = 5 g
1 walnussgroßes Stück Butter = 15-20 g

Die richtige Ofentemperatur

Temperatur (°C)	Thermostat
30	1
60	2
90	3
120	4
150	5
180	6
210	7
240	8
270	9

Ich danke Juliette und Céline, die mir dieses amüsante und leckere Projekt anvertraut haben!
So viele Möglichkeiten, etwas in der Pfanne zuzubereiten, einfach toll …
Außerdem danke ich meinen „Versuchskaninchen" für ihre Ratschläge und Anregungen:
Hugo, Edgar, Basile, Célia, Mina, Céline und Léla.

ISBN 978-3-8094-3771-0

1. Auflage

© 2017 by Bassermann Verlag, einem Unternehmen der Verlagsgruppe Random House GmbH,
Neumarkter Straße 28, 81673 München

© der Originalausgabe „GÂTEAUX À LA POÊLE" 2016 by Hachette Livre (Hachette Pratique), Paris
58, rue Jean-Bleuzen, CS 70007 – 92178 Vanves Cedex
Text Stéphanie de Turckheim, Photos Nicolas Lobbestael, Styling Soizic Chomel de Varagnes

Umschlaggestaltung: Atelier Versen, Bad Aibling
Photos: Nicolas Lobbestael
Styling: Soizic Chomel de Varagnes
Herstellung: Elke Cramer
Projektleitung: Anja Halveland

Realisation der deutschen Ausgabe: trans texas publishing, Köln
Übersetzung: Gisa Roudil d'Ajoux-Hillebrand, Köln
Druck: DZS Grafik, Ljubljana

Printed in Slovenia

Verlagsgruppe Random House FSC®N001967

Wow – wie geht das denn?

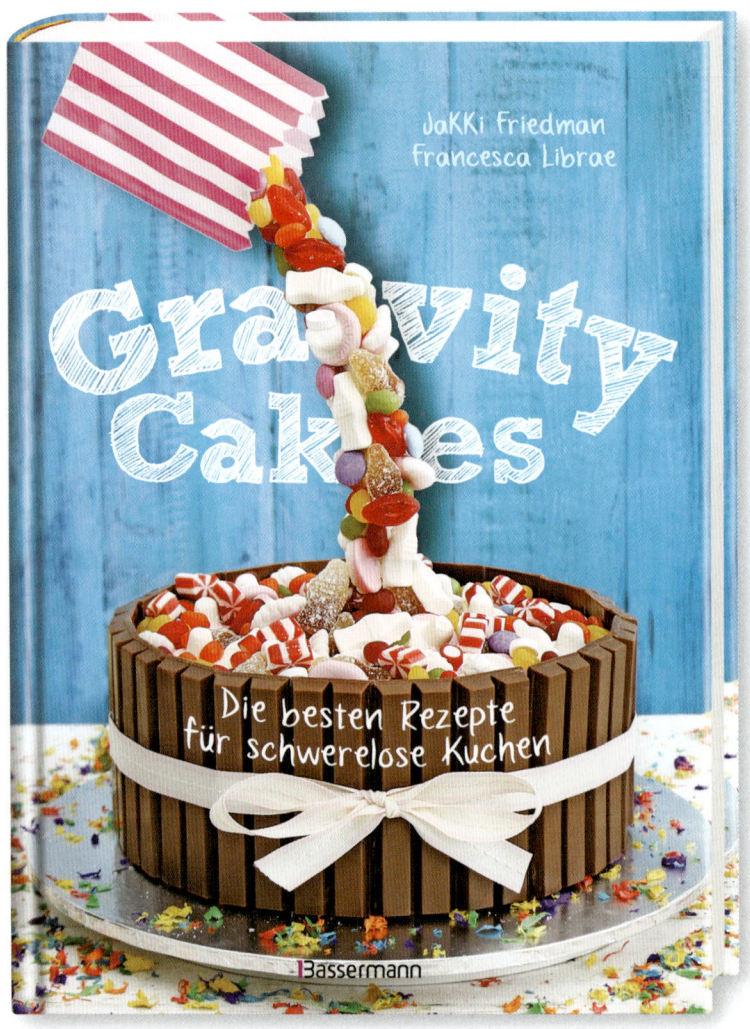

JaKKi Friedman
Francesca Librae

Gravity Cakes

Die besten Rezepte
für schwerelose Kuchen

Bassermann

128 Seiten, ca. 220 Farbfotos
ISBN 978-3-8094-3829-8

Diese Kuchen verblüffen, machen Spaß und jeder kann sie nachbacken! Die vielen Fotos verraten den Trick und zeigen Bild für Bild, wie man Süßigkeiten schweben und Flüssiges erstarren lässt.

Besuchen Sie uns
auch auf

www.bassermann-verlag.de

Das Gute-Laune-Kochbuch

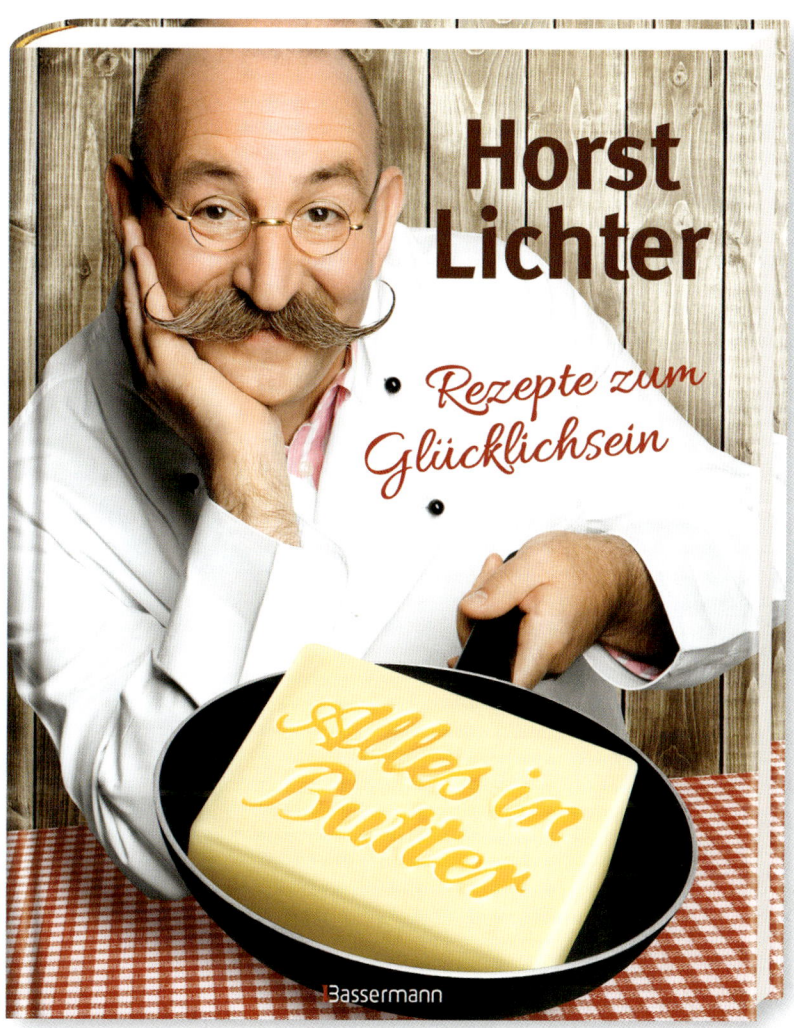

176 Seiten, ca. 250 Farbfotos
ISBN 978-3-8094-3827-4

Ein wundervolles, absolut bodenständiges Kochbuch, von Grund auf alltags- und familientauglich: Neben Lichters Lieblingsspeisen gibt es Klassiker, Schnelles und Süßes. Dazu serviert Horst Lichter Geschichten aus seinem Leben, Sprüche zum Schmunzeln, Hintergründiges über Zutaten und Zubereitungen sowie seine ganz persönlichen Tipps und Tricks.

Besuchen Sie uns
auch auf

www.bassermann-verlag.de